Zur Frühgeschichte des Trierer Domes

Der Trierer Dom ist die älteste Bischofskirche nördlich der Alpen, die vom vierten Jahrhundert bis auf den heutigen Tag eine ungebrochene Tradition in der Verkündigung des Wortes Gottes, des Gotteslobes und der Feier der heiligen Eucharistie besitzt. Interessant macht diesen Bau darüber hinaus die Tatsache, dass ein beträchtlicher Teil seiner originalen Mauersubstanz (bis zu einer Höhe von 25 Metern) noch aufrecht steht. Der antike „Quadratbau" von ca. 40 x 40 Metern Seitenlänge stellt den Kernbau der gesamten Anlage dar. Der heutige Hochaltar steht seit 1974 in seiner Mitte.

Eine Christengemeinde dürfte in Trier schon seit der zweiten Hälfte des zweiten Jahrhunderts bestanden haben; dies ist aus einem Text des Bischofs Irenäus von Lyon zu erschließen. Der erste Trierer Bischof Eucharius ist für die Zeit nach der Mitte des dritten Jahrhunderts nachgewiesen. Eine Trierer Legende möchte indessen die Gründung der Trierer Kirche auf die apostolische Zeit zurückführen. - Wo die erste Christengemeinde ihr Haus hatte, ist nicht mehr auszumachen. Das älteste für einen christlichen Zweck benutzte Gebäude ist wohl die Albanagruft im Bereich der Abtei St. Matthias. Sie war die Begräbnisstätte der ersten Trierer Bischöfe Eucharius und Valerius.

Bei den archäologischen Nachforschungen im Dombereich wurde auf dem Grundstück westlich der Liebfrauenkirche der älteste Teil jener großen römischen Kirchenanlage ergraben, die man seit einigen Jahrzehnten die **„Doppelkirchenanlage"** (s. Abb.) nennt. Dieser erste Teil war eine dreischiffige Basilika mit einer Länge von 33 und einer Breite von 28 Metern, wohl aus der Zeit des **Bischofs Agritius** (314–329) stammend. Unter dieser Anlage fand man den Saal eines Wohngebäudes des dritten Jahrhunderts, der mit einer Apsis erweitert wurde und als „Hauskirche" gedient haben mag. Das heutige Nebeneinander zweier repräsentativer Kirchen – des Domes St. Peter und der Liebfrauenkirche – erklärt sich aus der Betrachtung der frühchristlichen Kirchenanlage des 4. Jahrhunderts, bei der mehrere Kirchenräume auf zwei Achsen parallel zueinander aufgereiht worden waren; das Baptisterium lag genau dazwischen. Der Plan und das Modellfoto (s. Abb.) geben eine Vorstellung dieses Ensembles, welches zu den größten seiner Art in der christlichen Antike zu rechnen ist. Die Ausgrabungen der Zeit von 1944 bis an die Schwelle der unmittelbaren Gegenwart haben im Laufe der Jahre von dieser Kirchenanlage ein immer deutlicheres Bild ergeben. Die beträchtlichen Reste der Ausmalung und von Ausstattungsstücken helfen, ein Bild von der Pracht dieser Bauten zu entwerfen.

Ein Rundgang um das Ganze von Dom und Liebfrauen (Abb. S. 2, 3, 7, Umschlagrückseite) – sei es zunächst auch nur in den vorliegenden Bildern – lässt vor unserem Auge alle Epochen der abendländischen Architekturgeschichte lebendig werden. Leicht erkennt man (besonders auf der Nordseite) den römischen Teil des Domes an den flachen langen Ziegeln und den Schichten des roten Sandsteins; den wuchtigen frühromanischen Westbau mit seinen vier Türmen aus der ersten Hälfte des 11. Jahrhunderts; den spätromanischen Ostchor mit seiner Zwerggalerie und den Flankierungstürmen; aus der Zeit der Hochgotik des 13. Jh. die Liebfrauenkirche samt dem Kapitelhaus und dem Domkreuzgang; auch die gotischen Türme (14. Jh.) neben dem Ostchor; die spätgotische Schatzkammer über dem Nordtrakt des Kreuzganges; die spätestgotische Erhöhung des südlichen Westturmes; schließlich den Barock der Heilig-Rock-Kapelle am Ostchor und der Querschiffsflügel über dem römischen Quadratbau.

Der Blick auf das Gesamte zeigt dem Betrachter die Vielfalt der Formen, der Stile und der Zeiten in einem Maße, wie das kaum bei einer anderen Kirchenanlage Europas möglich ist: das beeindruckende Nebeneinander der so un-

DOM,
LIEBFRAUEN,
KREUZGANG.
Der Blick aus Südosten zeigt den architektonischen Reichtum der Kirchenanlage: Die an der Stelle der römischen Südkirche im 13. Jahrhundert im Stil der Isle-de-France als polygonalen Rundbau errichtete Liebfrauenkirche; den Kreuzgang des 13. Jahrhunderts mit Kapitelhaus und Domschatzkammer; den Dom mit seinem spätgotisch erhöhten Südwest-Turm, mit seinem (durch die Zeder teils verdeckten) römischen Quadratbau, mit dem barocken Querschiff, mit dem spätromanischen Ostchor und der barocken Heilig-Rock-Kapelle.

>>

terschiedlichen Kirchenfassaden des 11. und des 13. Jahrhunderts; von der Windstraße her (Nordseite) die Ablesbarkeit der Epochen und der Bauzeiten; die Staffelung der Baukörper, der vielfältige Reichtum der Formen und Stile aus der Sicht des Domkreuzganges – immer entdecken Auge und Geist Neues, Vielfältiges, Überraschendes!

Dass diese riesige Kirchenanlage in Trier an dieser Stelle entstehen konnte und in ihrer Vollendung fast zwei „Inseln" des quadratischen Straßenrasters besetzte, geht auf eine neue kirchenpolitische Situation **des 4. Jahrhunderts** zurück. Die Toleranzedikte, vor allem jenes, das Kaisers Konstantin der Große (306–337) im Jahre 313 zusammen mit seinem Mitkaiser Licinius in Mailand erlassen hatte, hatten die Christenverfolgungen beendet. – Konstantin war im Jahre 306 als junger Feldherr aus dem Osten zu seinem in Trier residierenden Vater, Kaiser Konstantius Chlorus, gekommen, mit ihm nach Britannien gezogen und hatte sich in York (Eburacum) nach dem Tode des Vaters zum Augustus ausrufen lassen. Nun war er der Kaiser des Westens, bald darauf der des ganzen Reiches.

GRUNDRISS DES 11. JH.

Plan des Domes nach der Restaurierung (1030–37) und westlicher Erweiterung (1037–47) des römischen Quadratbaues durch Erzbischof Poppo von Babenberg. Man übernahm die Rhythmisierung der Joche des römischen Baues in die Erweiterung. Unter dem Ostchor die Maternuskrypta, unter dem Westchor die Blasiuskrypta. Östlich schließt sich der Trakt der Domschule an.

>>

GRUNDRISS DES 12. JH.

Plan des Domes nach dem Anbau des Ostchores unter den Erzbischöfen Hillin und Johann I. (Weihe: 1.5.1196) und der Einwölbung des frühen 13. Jahrhunderts. Unter dem neuen Ostchor befindet sich als dritte Krypta die der hl. Helena. Der Schulsaal wurde verkürzt.

>>

Er hatte im Christentum die kommende religiöse und geistige Macht erkannt, hatte sich dem christlichen Glauben innerlich genähert und eine Zeit der Begünstigung der Kirche eingeläutet. Er ließ das in der Verfolgung konfiszierte kirchliche Vermögen restituieren und die zerstörten Kirchen auf Staatskosten größer und schöner wieder aufbauen. Die Größe der Trierer Anlage ergab sich daraus, dass Trier die Kaiserstadt des Westens war und damals wohl an die 40 000 Einwohner hatte.

Aus dem Agritiusbau entwickelte sich schnell jene Großanlage, die im archäologischen Plan erkennbar ist. Die wohl unter **Bischof Maximin** (329–346) vollendete Gesamtanlage reichte bis an das Westende des Domfreihofes (Markierungen im Pflaster!) – Die Maße für die Raumfolge der Südkirche ergaben sich aus der Agritiuskirche. Sie hat in ihrer Mauersubstanz nicht überlebt. Ab den Jahren 1227/1235 wurde sie, die mehrfach umgebaut worden war, durch das gotische Meisterwerk der Liebfrauenkirche ersetzt.

Der Nordbau – der heutige Dom – entsprach der Südkirche, war jedoch in etwas größerer Breite erbaut. Unter **Kaiser Gratian** (378–383) erfuhr er eine Vergrößerung seiner Ostpartie. Dieser gewaltige „Quadratbau" ist der einzige Teil des Domes, der die Zerstörungen im Wesentlichen überdauert hat und heute immer noch mit einer Mauerhöhe von teilweise bis zu 25 m über dem Boden steht. Die ehemals (in zwei Geschossen angeordneten) riesigen Fenster sind noch gut erkennbar; sie gaben dem Raum eine strahlende Helligkeit. Im Innern erhoben sich an der Stelle der jetzigen Vierungspfeiler (bis in die Stürme der Völkerwanderungszeit des 5. Jahrhunderts) vier monolithische Granitsäulen von 12,5 m Höhe. Der „Domstein" am südlichen Westportal ist einer der größten Reste jener Säulen.

Im 4. Jahrhundert sah der Dom außer Konstantin und seiner Mutter Helena und den anderen römischen Kaisern viele bedeutende Menschen in seinen Mauern. Der christliche Historiker, Rhetor und Theologe Lactantius war nach Trier berufen. Der große Metropolit von Alexandrien in Ägypten Athanasius, der „Vater der Orthodoxie", weilte von 335 bis 337 als Gast von Bischof Maximinus hier im Exil und kam 342 nochmals nach Trier. Der spätere Bischof von Mailand, der hl. Ambrosius, wurde (ca. 339) im Trierer Prätorium geboren und besuchte später in politischer Mission seine Geburtstadt.

Der hl. Martin protestierte hier 384 gegen die Verurteilung und Hinrichtung der Priszillianisten. Der große Bibelgelehrte Hieronymus studierte in Trier Sprachwissenschaft. Decimus Magnus Ausonius aus Bordeaux dichtete hier seine „Mosella".

Im 5. Jahrhundert erlebte die Stadt (Völkerwanderung!) verschiedene Katastrophen. Bei einer dieser Eroberungen brannte der Dom aus, die großen Granitsäulen barsten und stürzten mit den von ihnen getragenen Bögen. Nur die Außenmauern blieben stehen. – Erst unter dem tatkräftigen Bischof Nicetius (525–566) konnte der Dom wiederhergestellt werden. An der Stelle der zerstörten Granitsäulen errichteten Bauspezialisten aus Italien Säulen, die aus runden Kalksteintrommeln aufgebaut wurden, die man samt ihren Kapitellen einem römischen Tempel des 2. Jahrhunderts entnommen hatte. (Drei von ihnen sind in den Vierungspfeilern erhalten; das Maskenkapitell der nordwestlichen Säule ist durch eine Öffnung auf der Ostseite des Pfeilers zu sehen.)

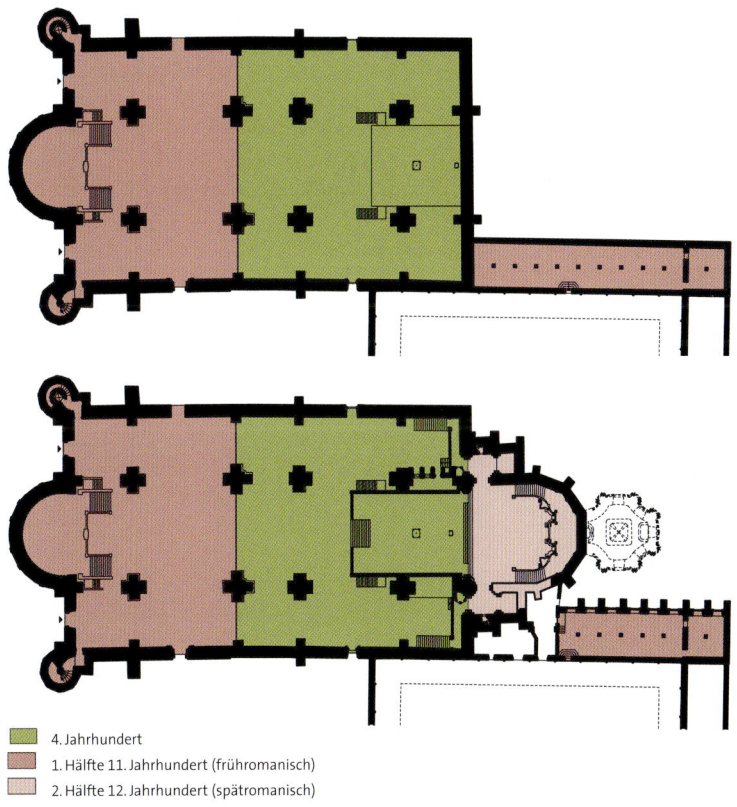

■ 4. Jahrhundert

■ 1. Hälfte 11. Jahrhundert (frühromanisch)

■ 2. Hälfte 12. Jahrhundert (spätromanisch)

Der Dombau im Mittelalter

Als **Erzbischof Egbert,** ein Sohn des Grafen Theode-
rich von Holland, 977 sein Amt als Erzbischof von Trier
(† 993) antrat, war die Standsicherheit des Domes nicht
mehr gegeben. So ummantelte er die Vierungssäulen des
6. Jahrhunderts mit kreuzförmigen Pfeilern aus Qua-
dern und römischen Ziegeln; die nordöstliche ist auf
989, die nordwestliche auf 990 datiert. Von den Pfeilern
der Südseite (vielleicht 2. Viertel 11. Jh.) enthält die
westliche keine Säule, da diese um das Jahr 1000 ge-
stürzt war. Egbert hatte auch begonnen, den römischen
Quadratbau durch eine dreischiffige Anlage nach Westen zu erweitern, konnte dieses Werk aber nicht zu
Ende bringen. – Im übrigen beruht sein Ruhm auf den
Werken der Goldschmiedekunst (Domschatz!) und der
Buchmalerei, die in reichem Maße erhalten sind.

**Die große Restaurierung des Domes und sein
genialer Weiterbau** waren dann das Werk des aus dem
Babenberger Geschlecht stammenden **Erzbischofs
Poppo** (1016–1047). Nach der Beendigung eines Bür-
gerkrieges und einer Wallfahrt ins Heilige Land (1028–
1030) stellte er zuerst den römischen Quadratbau
wieder her. Für die um 1000 gestürzte südwestliche
Vierungssäule erbaute Poppo einen neuen kreuzförmigen Pfeiler nach dem Modell der bereits errichteten
egbertischen. Die gestürzten Schwibbögen
wurden erneuert, die noch vorhandenen
Bögen des 6. Jahrhunderts kunstvoll unter-
fangen. Den Ostabschluss des Raumes bildete damals noch immer die flache
Ostwand des römischen Quadratbaues. Vor
ihr lag der Peterschor mit dem Hauptaltar.
Die (vielleicht schon im 10. Jh. begonnene)
Maternuskrypta (Abb. S. 12) erhielt ihre
Vollendung.

Es ist ein dreischiffiger Bau (ursprünglich
vierschiffig geplant) mit einem erstaunlich
flachen Mittelschiffgewölbe. Im 13. Jahrhundert verschüttet, stellte man die Krypta
1898–1906 wieder her. – 1037 war die Restaurierung des römischen Quadratbaues ab-
geschlossen und wurde mit der Übertragung
der Maternusreliquien geweiht. Seit 2008
sind sie in einem Schrein wieder hier depo-

niert. Die Krypta dient als Gruft für die nach 1945 verstorbenen Bischöfe: Franz Rudolf Bornewasser, Matthias Wehr, Bernhard Stein, Hermann-Josef Spital. Die Gräber sind mit künstlerisch gestalteten Bronzeplatten geschmückt.

Von 1037 bis zu seinem Tode 1047 widmete sich Erzbischof Poppo **der Erweiterung des Quadratbaues nach Westen.** Welche Trümmer von der Konstantinischen Basilika damals noch standen, lässt sich nicht ermitteln. Poppo und sein Baumeister übernahmen die von Egbert geprägte Gestalt der kreuzförmigen Pfeiler, die von nun an die gesamte Raumgestalt des Domes bestimmt. Die Grundriss- und Raumentwicklung der Erweiterung folgt allerdings nicht der Idee einer „normalen" Basilika mit gleichen Pfeilerabständen. Man übernahm vielmehr aus dem Quadratbau die römischen Maße, vor allem die mit den wechselnden römischen Pfeilerabständen. Den zentralen römischen Vierstützenraum deutete man in einen rhythmisierten Längsraum um und zog mit dieser Rhythmisierung die Bauteile zu einem neuen Ganzen zusammen. Die römische Jochfolge mit den wechselnden Pfeilerabständen bestimmte nun den gesamten Raum. So entstand ein unter den mittelalterlichen Kathedralen absolut einmaliger und höchst eigenwilliger Raum mit der Jochfolge kurz-lang-kurz-lang-kurz. - Den damaligen Raum können wir uns mit einiger Fantasie vorstellen. Es war ein hallenartiger Raum mit wechselnden Jochlängen und bedeutend höheren Seitenschiffen als heute; seine hohen und flachen Decken ließen den Raum bedeutend monumentaler erscheinen als den heutigen gewölbten.

Zur Stadt hin präsentiert sich der Dom mit einem **Westchor,** der zum Erhabensten zählt, was die abendländische Sakralarchitektur der ersten Hälfte des 11. Jahrhunderts hervorgebracht hat. Der gewaltige Westbau (vgl. Titel-

VIERUNG

Beim Blick nach Nordwesten in die Vierung geben die beiden gewaltigen westlichen Vierungspfeiler mit dem gotischen Gurtbogen den Blick in das Hauptschiff frei. Die unterschiedliche Größe der Schiffsjoche wird deutlich; gotische Wölbung und Emporengalerie. Die riesigen Quadersteine des im Bild rechten Pfeilers bilden die von Erzbischof Egbert 990 veranlasste „Ummantelung" einer Säule des 6. Jahrhunderts. Der linke Pfeiler dürfte der von Erzbischof Poppo nach 1030 an der Stelle einer umgestürzten Säule errichtete sein. – Orgel: Hans Gerd Klais (1974), Dekoration: Theo Heiermann und Elmar Hillebrand. – Kanzel. – Seitenschranken des Chores.

>

abb.) erstreckt sich mit über 50 Metern in die Breite. Man spürt die Vorbildhaftigkeit der Trierer Kaiserthermen. Der Gesamteindruck wird auch hier bestimmt durch die halbrunde Apsis mit ihren an römisches Maß erinnernden Fenstern. Die beiden runden Treppentürme bereiten (noch intensiver als bei den Thermen) das gewaltige Halbrund der Mitte vor. Über den Portalen mit ihren tiefen und hohen Nischen und über den durch Galerien aufgeschlossenen Mauermassen wachsen die Haupttürme empor. Klare Geschosseinteilungen durch kräftige Gesimse, eine rhythmisierte Pilastergliederung und der flache Giebel verleihen dem Westbau trotz höchster plastischer Werte eine vornehme, fast klassisch zu nennende Würde und Reserve. Die Einzelformen (Profile der Gesimse, Pilaster, Galerien) sind im Wesentlichen der römischen Porta Nigra entnommen, an der Poppo in derselben Zeit das Simeonsstift erbauen ließ.

Über die **Baudaten** gab es bis in die jüngste Zeit Unklarheiten. Die Quellen berichten, dass der Bau beim Tode des Erzbischofs 1047 erst „in Lanzenhöhe" fertig gewesen sei. Eine Untersuchung der noch im Gemäuer steckenden Bau-, Rüst- und Schalhölzer (Jahresringmethode) brachte das Ergebnis, dass der Westbau 1047 allerdings bis in die Höhe der Turmansätze fertig war. Der Widerspruch des mittelalterlichen Berichtes löst sich auf, wenn man erfährt, dass in der byzantinischen Baumeistersprache die runden und spitzen Treppentürme „Lanzen" genannt wurden. Damit waren Baubefund und historischer Bericht wieder im Einklang.

Poppos Nachfolger, **Erzbischof Eberhard** (1047–1066), vollendete 1056 den Nordturm und das Mittelschiff, **Erzbischof Udo** (1066–1078) den Südturm. Das spätgotische Glokkengeschoss des Südturmes, das dem Dom seine reizvolle Asymmetrie verleiht und den Zusammenklang mit der Liebfrauenkirche herstellt (die ursprünglich einen spitzen und hohen Vierungsturm besaß), wurde erst unter **Erzbischof Richard von Greiffenklau** (1511–1531) in den Jahren um 1515 aufgeführt.

9

Der Westchor ist dem hl. Nikolaus geweiht. Sein Niveau ist durch eine Krypta hoch über den Domboden erhoben und über zwei breite (Barock-)Treppen zugänglich. Da die Untergeschosse der Türme zum Inneren des Domes gezogen sind, beginnt der romanische Kirchenraum mit der ganzen Wucht und Breite des römischen Maßes von 40 Metern.

Die Krypta St. Blasius unter dem Westchor wurde erst zum Ende der Baumaßnahmen eingebaut. Vier Säulen teilen den halbkreisförmigen Raum in neun Joche: Ein westliches Rundfenster verleiht ihm dämmriges Licht; Reste mittelalterlicher Malereien haben sich erhalten. Es ist ein Raum von einer eigentümlichen Würde. Hinter dem gotischen Blockaltar steht in einer tiefen Nische auf einer Steinstele der neoromanische Blasiusschrein (Goldschmied: Brems-Varain, Trier). Die Weihe des Nikolausaltares (1121) im Westchor bezeichnet die Vollendung.

Das 12. und 13. Jahrhundert brachten dem Dom umfangreiche Baumaßnahmen, die sein Erscheinungsbild bis heute entscheidend mitprägen. Auch hier gilt, dass die von Konstantin bestimmten Maße sich wie ein konstanter Faktor weiterhin durchsetzten. – Vielleicht hatte bereits Erzbischof Albero von Montreuil (1132–1152) die **Idee einer Erweiterung des Ostchores** gefasst. Auf seine Einladung hin hatte von November 1147 bis Februar 1148 eine Provinzialsynode unter dem Vorsitz von Papst Eugen III. im Trierer Dom getagt, wobei sich die Choranlage als zu klein erwiesen haben musste. Alberos Nachfolger **Hillin von Falmagne** (1152–1169) begann mit einer Erweiterung des Ostchores über die Grenze der römischen Ostwand hinaus. Er musste die Vollendung des Werkes seinen Nachfolgern überlassen. Erzbischof Arnold (1169–1183) baute das Begonnene in den oberen Geschossen weiter. Als **Erzbischof Johann I.** (1190–1212) den neuen Altar des Ostchores am 1. Mai 1196 weihte und bei dieser Gelegenheit die Tunika Christi ("Heiliger Rock") aus dem Westchor in den neuen Altar übertrug, dürfte der Ostchor im wesentlichen vollendet gewesen sein. Das hindert uns aber nicht anzunehmen, dass er vielleicht danach noch Veränderungen erfuhr.

Der **Grundriss des Ostchores** (Abb. S. 5) besteht aus zwei Einheiten: einem quer zur Längsachse des Baues liegenden Chorrechteck und der abschließenden Chorrundung (Apsis) auf der Basis eines halben Zehnecks.

WESTKRYPTA
dem hl. Blasius geweiht, Blick nach Nordosten. Nach Vollendung der Westapsis in dieselbe eingebaut. Der ursprüngliche Altar stand in der großen Nische der Ostwand. Der gotische Altar in der Mitte (92) stammt aus der Marienkapelle des Domes. Im Scheitel des mit romanischen Ranken dekorierten großen Bogens ein gemaltes Christushaupt. Wandpfeiler romanisch dekoriert. Die Bemalung des mittleren Joches aus der Zeit um 1400. – Der neoromanische Schrein (Brems-Varain) (91) ist eine Stiftung der Familie Puricelli und enthält die Häupter der hll. Blasius, Cornelius und Getulius. Neueinrichtung: Architekt Karl Peter Böhr.

>>

Diese Apsis ist mit großen Öffnungen durchfenstert, die im Format den Fenstern des Westchores entsprechen. – An das Chorrechteck lehnen sich rechts und links Türme an, als wollten sie den Bau seitlich stützen. Im Inneren sind diese Türme (von der Krypta an aufwärts) in vier Kapellengeschosse eingeteilt, die sich zum Inneren des Chores hin wie Galerien öffnen. Vielfältige Formen gliedern den Chor in reichem Maße. Die Gewölbe von Chor und Apsis stellen den ersten gewölbten Raumteil des Domes dar. Damals waren für eine kurze Zeit die Schiffe des Domes noch flach gedeckt.

Das Äußere des Ostchores wird durch die seitlichen Türme, die massigen, sich nach oben hin abtreppenden Strebepfeiler auf den Ecken des Polygons und die großen Fensteröffnungen bestimmt. Lediglich die Zwerggalerie als oberer Abschluss mildert durch ihre zierlichen Formen der gekuppelten Bögen die Schwere der Außenarchitektur.

Die Ostkrypta St. Helena besitzt denselben Umriss wie der Chor über ihr, nur dass sie durch zwei Reihen von je drei Bündelpfeilern zu einer dreischiffigen Halle wird. Größe, Höhe und vor allem die weiten Abstände der Pfeiler mit den weitschwingenden Gewölben erzeugen ein dreischiffiges Raumbild von fast schwebender Leichtigkeit, welches durch die Wiederherstellung der originalen Farbfassung seine Wärme erhält. – Die Krypta erhielt 1973 einen neuen Zugang von der Windstraße her. Ein **Bronzeportal** (Ulrich Henn) zeigt in seinen Szenen einige Trierer Bischöfe, die einen besonderen Bezug zum Dom haben. Im Tympanon übergibt der Apostel Petrus den hll. Eucharius, Valerius und Maternus seinen Stab. Agritius und Nicetius stehen für den antiken Dombau, Poppo und Hillin für den mittelalterlichen, Richard von Greifenklau zeigt Kaiser Maximilian den hl. Rock, Johann Hugo von Orsbeck und Franz Ludwig von Pfalz-Neuburg haben den Dom barock verändert. - Im östlichen Mitteljoch steht der siebeneckige Bronzealtar (Ulrich Henn, 1974) mit sieben Bildern aus dem Leben des hl. Petrus, die alle auf Christus bezogen sind. Dazu gehören vier große Bronzeleuchter und ein Hängekreuz, das von Engeln umschwebt ist. - Die in der (barocken) Nische stehende bronzene **Helenabüste** (Theo Heiermann, 1990) enthält als Reliquie den Schädel der hl. Helena. Am Eingang der Krypta sind auf Bronzetafeln die Namen und Daten der Trierer Bischöfe seit dem dritten Jahrhundert verewigt. – Zwei Durchgänge verbinden die Ostkrypta mit der Maternuskrypta. Der Chorbau in seiner komplexen Baugestalt folgt samt seiner Bauornamentik romanischen Architekturideen Lothringens, wie sie am 1147 geweihten Chor der Kathedrale zu Verdun realisiert waren. Erzbischof Albero hatte 1147 an der Weihe des neuen Chores teilgenommen. Erst in der späteren Bauphase setzten sich rheinische Ideen durch (etwa in der Art der Zwerggalerie).

MITTELSCHIFF
Blick von der Tribüne vor der Heilig-Rock-Kapelle. Die Weite des Raumes ist nicht nur durch die absoluten Maße (16 m br.) gegeben, sondern auch durch die aus dem römischen Urbau übernommenen Proportionen. Westlich vor dem Kapitelchor erkennt man in der Vierung den neuen Altarraum. Die mächtigen Vierungspfeiler erheben sich mit ihrem kreuzförmigen Querschnitt und tragen die Gurtbögen des gotischen Gewölbes. Das im Barock eingebaute Querschiff bringt Licht in die Vierung, welche sich genau im Mittelpunkt des römischen Quadratbaues befindet.

Ebenfalls in die 2. Hälfte des 12. Jahrhunderts fallen die verschiedenen **Lettnerbauten** (Abb. S. 17, 19) im West- und auch im Ostchor. Vom Ostlettner mit seinen Bogenreihen stehen noch bedeutende Teile in respektabler Höhe bis in die Vierung hinein. Ursprünglich ragte dieser Lettner (bis 1723) in die Mitte der Vierung und war nur durch eine schmale Treppe zum Hochchor geöffnet. Von einem figürlichen Lettner ist fast die komplette Reihe von Christus, Maria und den Aposteln erhalten (seit 1974 im Ostchor).

Nach der Vollendung des neuen Ostchores waren die Schiffe des Domes noch immer flach gedeckt. In den ersten Jahrzehnten des 13. Jahrhunderts schritt man zur **Einwölbung des ganzen Raumes** (Abb. S. 15, 24, 25) (der mittlere Gurtbogen ist 1217 datiert). Da sich der Baumeister an die kreuzförmigen Pfeilerquerschnitte, an die rhythmische Pfeilerfolge und die ungewöhnlichen Abmessungen des 4. und 11. Jahrhunderts (16 Meter Mittelschiffbreite!) halten musste, bedeutete das Einbringen einer Wölbung in formaler und technischer Hinsicht eine Herausforderung. Das in Frankreich ausgebildete hochgotische Wölbesystem (vgl. dazu die neben dem Dom stehende Liebfrauenkirche!) ließ sich wegen der Pfeilerformen des 11. Jahrhunderts hier nicht realisieren. Der Meister wandte vielmehr ein Wölbesystem an, das er aus Zisterzienserkirchen kannte.

Der Baumeister ging so vor, dass er zunächst die Schiffswände veränderte. Er ersetzte die ursprünglich hohen **Längsarkaden des Mittelschiffes** (Abb. S. 8, 15) durch neue, tiefer angesetzte Bögen. Das Problem der verschieden langen Joche löste er durch wechselweise Anwendung von Rund- und Spitzbögen. In die Wandflächen über diesen Bögen baute er (biforien- und triforienartige) Zweier- und Dreieröffnungen, die sich emporenartig in den damals weiten Dachraum öffneten. Diese Öffnungen brachten nur ein gedämpftes Licht in die oberen Zonen des Mittelschiffes. Zahlreiche schwarze Säulchen beleben und führen das im Emporengeschoss des Ostchores bereits früher angeschlagene Thema nach Westen hin fort. Haupt- und Seitenschiffe wurden durch spitzbogige Gurte überspannt, die sich auf die romanischen Pfeiler stützen (oder sich an ihnen mittels Konsolen abstützen). Die einzelnen Joche wurden durch Kreuzrippengewölbe überdeckt. So entstand – nach der popponischen Umdeutung des römi-

schen Zentralbaues in eine längsgerichtete Halle – nun eine querschifflose frühgotische Gewölbebasilika ohne Oberlichtgaden und mit eigenwilligen Proportionen, wobei die römisch-popponische Rhythmisierung der Joche raumbestimmend blieb. – Die Farbigkeit des nunmehr „gotischen" Raumes wurde in Spuren gefunden. Die massigen Gewölberippen waren in einem kräftigen Ocker gefasst. Die beträchtlichen Reste einer Fassung von ca. 1612 sind noch an einigen Stellen der Pfeiler (und in der Sakristei) zu sehen: Es war eine Malerei in Beschlagwerksornamentik.

Der Dom im Barock

Erzbischof und Kurfürst **Johann Hugo von Orsbeck** (1676–1711) errichtete am Ostchor die **Heilig-Rock-Kapelle** (vgl. Plan S. 5, Abb. Umschlagrückseite) (Auftrag 1687 an Joh. Wolfg. Fröhlicher). Die Mauern des (nach 1704 errichteten) dreigeschossigen Zentralbaues schwingen nach borromineser Manier konkav-konvex ein und aus. In ihrer kräftigen Architektursprache gibt die Rotunde dem Dom einen klar akzentuierten Ostabschluss. Im Inneren des Ostchores zeigt sich die Kapelle mit ihrer (1699 vollendeten) **Marmorfassade.** Im Erdgeschoss befindet sich seit 2007 die **Athanasiuskapelle** (Einrichtung: Karl Peter Böhr; vgl. Abb. S. 48).
Nachdem 1717 die Dächer des Domes abgebrannt waren, veränderte **Erzbischof und Kurfürst Franz Ludwig von Pfalz-Neuburg** (1716–1729) den Dom (Architekt: Joh. Georg Judas). Er gab dem Schiff ein **Querschiff und eine Vierung.** Der römische Quadratbau erhielt so sein einstiges Raumzentrum zurück. Barockes Symboldenken spielte eine Rolle. – Diese Maßnahmen führten zu einer Veränderung auch der **Außenansicht** (Abb. S. 3). Die Außenmauern des 4. und 11. Jahrhunderts wurden bis auf die Höhe der Seitenschiffe abgebrochen. Auf den römischen Mauern setzte man die neuen Querschiffgiebel auf. Die spätromanischen Triforiengewände erhielten einen Laufgang mit großzügiger Verglasung.
1723 konnte der Gottesdienst wieder aufgenommen werden. Osttürme und Apsis erhielten barocke Dächer. Eine totale Einmantelung der Westfassade in ein barockes Kleid von außen unterblieb glücklicherweise. Nach den Wirren der Französischen Revolution, die

VIERUNG UND OST-CHOR
Die beiden östlichen Vierungspfeiler stehen im hellen Licht der Querschiffsfenster, die auch den Altarraum (1974) beleuchten. Die hohe Wölbung des Schiffes (Anfang 13. Jh.) setzt sich gegen den dämmrigen und mit Rundbögen gewölbten Ostchor (1152–96) ab. Das kleine Rundfenster über dem Chorbogen (1. H. 11. Jh.) sitzt in der römischen Ostwand des alten Domes. Vor den romanischen Seitenschranken steht das Chorgestühl, vor der hellen Querwand mit den Reliefs der ehemaligen Lettners die Kathedra des Bischofs. Dahinter erscheint im Dämmer die Tribüne der Heilig-Rock-Kapelle, auf der sich deren Marmorfassade mit dem Wolkenfenster erhebt.
>>

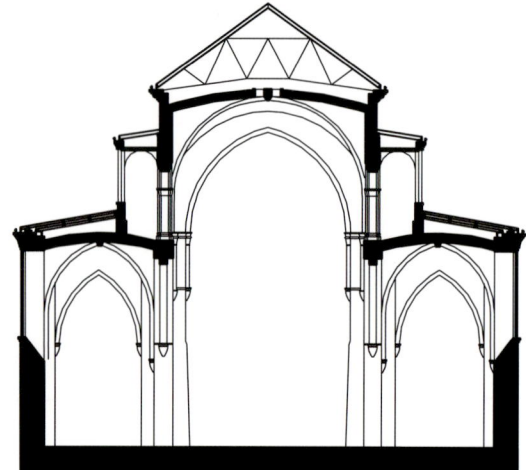

manchen Schaden gebracht hatten, säuberte man den
Dom und gab ihn dem Gottesdienst zurück. Das Her-
ausbrechen einen Mittelportals in die Westapsis (mit
Preisgrabe der Krypta) konnte verhindert werden. – In
der Mitte des 19. Jahrhunderts wurde das Bauwerk
durch Nikolaus von Wilmowsky erstmals archäologisch
erforscht. Seine Purifizierungspläne wurden jedoch
verhindert. – Bei der Renovierung des Domes um
1900 unter der Aufsicht der Preußischen Denkmal-
pflege gab es einige Verluste an historischer Substanz;

das Wesentliche blieb aber erhalten. Die barocken Turmhelme wurden durch neugotische Dächer ersetzt, das gotische Steildach durch ein flacheres.

Die Ausstattung

Die Ausstattung des Trierer Domes ist eng mit seiner Baugeschichte verbunden. Aus dem antiken Dom ist uns außer Resten ornamentaler Deckenmalerei und kleinen Details so gut wie nichts erhalten. Erst aus der Zeit der Hochromanik sind bedeutende Stücke auf uns gekommen. – Der Dom besaß einst für seine zwei Chöre (Ostchor und Westchor) Lettneranlagen. Lettner (von „Lectorium", Lesebühne) teilten den Gesamtraume der Kirche und schufen so besondere Räume für den Kapitelsgottesdienst und den Gottesdienst der Pfarrgemeinde mit je eigenen Altären.

Die heute noch in beträchtlicher Länge und Höhe bis in die Vierung hinein aufrecht stehenden **Schranken des Ostchores** (Abb. S. 8, 9) sind die Reste bereits einer zweiten Anlage aus dem Ende des 12. Jahrhunderts. Dieser Lettner gehörte zu den größten seiner Art im mittelalterlichen Deutschland. Im Barock wurden die vorderen Mauern samt der schmalen Mitteltreppe abgebaut. Die Veränderungen von 1900 wurden 1974 rückgängig gemacht. Die hohen Schrankenmauern wurden mit einem neuen Abschluss (Hillebrand, Peschau) versehen.

Der Kapitelschor erhielt im Zuge der liturgischen Umgestaltung 1974 zum ehemaligen Ostchor hin einen **Abschluss** (Abb. S. 17), geschmückt mit den 15 (bis dahin versprengt aufbewahrten) Reliefs eines **figürlichen Lettners** aus dem 12. Jahrhundert. Die Figuren sind als Muldenreliefs gearbeitet, stehen sti-

listisch in der Nähe des großen Portaltympanons und zeigen die Machart verschiedener Hände. Auf der Mittelplatte ist der thronende Christus dargestellt, flankiert von den Figuren Marias und Johannes des Täufers (letzterer 1974 von J. Pechau), den Fürbittern der Christenheit. Die zwölf Apostel schließen sich rechts und links an. Diese Versammlung der Apostel mit Maria und Johannes um Christus repräsentiert die Kirche als eine apostolische. Der originale Standort dieser Figuren ist unbekannt. Das (z. T. rekonstruierte) Rahmenwerk aus stilisierten Blättern ist mit ähnlichen Formen am Ostchor der Porta Nigra (ehemals Simeonskirche) verwandt.

Das zu den bedeutendsten Werken Romanischer Bildhauerkunst im Rheinland zählende **Tympanon über dem Portal,** das vom Inneren des Domes zur Liebfrauenkirche führt, dürfte 1180/1200 (noch vor Erbauung der gotischen Liebfrauenkirche) entstanden sein. Die in einer flachen Nische thronende, in Hochrelief gearbeitete, Figur Christi ist mit leicht geöffnetem Mund, mit erhobener Rednerhand und einem geöffnetem Buch, als das menschgewordene „Wort" dargestellt – zwischen den fürbittenden Gestalten Marias als der Patronin der Liebfrauenkirche und Petri als des Patrons des Domes. Die Gewänder zeigen ein lebendiges Spiel feiner, fast plissierter Falten; die Körper drücken sich nur wenig, aber plastisch genug durch. Die spärli-

chen, aber deutlichen Reste einer einstigen Polychromie lassen die einstige Farbigkeit erahnen. Die Ornamentik der rahmenden Architektur ist fast klassisch kühl. Sie hat ihre formale Parallele im (erst neulich wieder sichtbar gemachten) romanischen Mittelportal der Abteikirche St. Matthias. – Durch die Restaurierung (1973) wurde die fast verdeckte künstlerische Qualität von Skulptur und Farbe wieder deutlich.

Auf der Südseite des Domes, links vom Sakristeiportal, steht der **Grabbogen für den Kardinallegaten Ivo,** der 1142 in Trier starb und dem Erzbischof Albero dieses Denkmal setzte. Es ragt als ein Werk besonderer Qualität hervor. Es stammt von einer meisterlichen Hand jener lothringischen Werkstatt, die auch das Löwenportal an der Kathedrale zu Verdun geschaffen hat. Auf einem Sarkophagsockel erheben sich über (teils erneuerten) Löwensockeln Doppelsäulen, welche von korinthischen Doppelkapitellen von hervorragender Qualität bekrönt sind. Die kurvig bewegten Blätter des Bogens – mit den Mitteln einer klassischen Geometrie nicht zu beschreiben - gehören zu einer stilistischen Gruppe romanischer Arbeiten in Lothringen und in Trier.

Ein ähnlicher Grabbogen, den man mit dem Namen des **Erzbischofs Albero von Montreuil** (1132-1152) in Verbindung bringen möchte, befindet sich ebenfalls an der Südwand, seit 2007 rechts neben der Glastüre zum Hof zwischen Dom und Liebfrauenkirche. Er wurde erst im 19. Jahrhundert aus Teilen im Steinlager zusammengesetzt.

An der Südseite stehen (rechts vom Sakristeiportal) **drei zu einer Einheit zusammengefasste Bögen** (Reste einer ehemaligen Lettneranlage?) Hier wurden sie in Beziehung zu älteren Bischofsgräbern aufgestellt und gelten seit dieser Zeit als Grabbögen. Die Rankenornamente sind in feinster Unterschneidungstechnik ausgeführt. Kelchknospenkapitelle verbinden die spätromanischen Formen mit solchen der Frühgotik.

Aus der GOTISCHEN EPOCHE ist der **Grabbogen des Erzbischofs Heinrich von Finstingen** (1260–1286) (s. S. 49, Nr. 44) samt der zugehörigen Inschriftplatte (Südwand) erhalten; der Sarkophag mit der Liegefigur ging in der Revolution verloren.

Im Westchor steht beherrschend die gotische **Tumba** aus blauschwarzem Marmor, in der die sterblichen Reste des Erzbischofs und Kurfürsten **Balduin von Luxemburg** (1308–1354) ruhen. Die Statuetten (falls je vorhanden) und die Liegefigur sind abhanden gekommen. Das bronzene Inschriftband wurde gestohlen, eine verkürzte Neufassung vor einigen Jahren angebracht. Auf alten Fotos sieht man noch den klassizistischen Baldachin, der die Tumba bis zur jüngsten Domrestaurierung umgab und bekrönte. Er war aus Resten des 1810 abgebrochenen von der Leyenschen Grabaltares zusammengebaut. (Er steht jetzt auf der Empore im nördlichen Westturm.)

Das Portal zur Sakristei (Abb. S. 20) mit seinem Kielbogen und der Figur des heiligen Petrus gehört der Mitte des 15. Jahrhunderts an. Der Kreuzgang birgt – neben dem Ausgang aus dem Dom – die **Madonna Malberg** (Abguß) mit der zugehörigen Totenleuchte. Sie wird mit Nikolaus Gerhaerts von Leiden (oder anderen Meistern seiner Zeit) in Verbindung gebracht, der 1462 das Grabdenkmal für den Erzbischof Jakob von Sierck (1439–1456) schuf (jetzt: Bischöfliches Museum). Die Madonna Malberg gehört zu den Hauptwerken der spätgotischen Epoche in Deutschland. Die einst bedeutende Ausstattung des Domes mit gotischen Kunstwerken ist sowohl durch kriegerische Ereignisse als auch durch Unverstand verloren gegangen. Reste, bescheidene Zeichnungen und Kupferstiche geben eine Ahnung davon.

Die Zeit der RENAISSANCE ist mit zwei so interessanten wie bedeutenden Objekten im Dom vertreten. Da ist zunächst der ehemalige **Grabaltar** des Erzbischofs und Kurfürsten **Richard von Greiffenklau** zu Vollrads (1511–1531), noch zu Lebzeiten des Fürsten wohl von dem Bildhauer Jakob Kerre geschaffen. Früher stand das Monument auf der zugehörigen Altarmensa an der Stelle des heutigen barocken Kreuzaltares und wurde bei dessen Errichtung auf die Nordseite des Pfeilers versetzt. Die schwarzmarmorne Grabplatte liegt noch an ihrem alten Platz. Grab, Grabdenkmal in Form eines Retabels und Altar waren hier zu einer künstleri-

EHEMALIGER GRABALTAR
des Erzbischofs und Kurfürsten Richard von Greiffenklau, von der Westseite des Pfeilers an dessen Nordseite versetzt. Die schmale und steile Form nimmt auf die Maße des Pfeilers rücksichtsvollen Bezug (ganz anders, als die das späteren großen Barockaltäre tun). Der Erzbischof kniet demütig und in klarer Unterordnung unter die Heiligen, die ihn dem gekreuzigten Heiland empfehlen. Zur Zeit des Richard war Kaiser Maximilian zum Reichstag in Trier und initiierte 1512 durch sein Verlangen, die Reliquie zu sehen, die erste Heilig-Rock-Wallfahrt. (24)
>>

schen und liturgischen Einheit verbunden. Das Denkmal ist aus einem sehr dichten Tuff gearbeitet. Die Architektur des Retabels – die Pfeiler und der Bogen – ist mit feinsten Renaissanceornamenten geziert, die an römische Grotesken erinnern. Der Kurfürst hat seine Insignien abgelegt, kniet zu Füßen des Kreuzes und wird dem Gekreuzigten vom heiligen Petrus und der heiligen Helena, die durch das Kreuz als die Auffinderin des wahren Kreuzes Christi dargestellt ist, empfohlen. Maria Magdalena umfasst in liebevollem Schmerz den Kreuzesbalken. Die meisterliche Komposition bezieht auch die intentionalen Blickrichtungen der Figuren ein.

Das **Grabdenkmal** des Erzbischofs und Kurfürsten **Johann von Metzenhausen** (1531–1540) (Abb. S. 27) wurde 1542 an der Nordwand errichtet. Die Architektur ist von ornamentgeschmückten Pilastern und Rundbögen bestimmt. Architekturtyp und Ornamentik nehmen Anregungen von Wandgräbern der italienischen Renaissance auf. Lebensgroß, betend und zugleich sich selbst behauptend, steht der Erzbischof im vollen Ornat in der tiefen Nische: Die ihn flankierenden Heiligen Petrus und Paulus bleiben kleiner als er. Zuoberst steht als Bekrönung eine Figur Christi, des auferstandenen Schmerzensmannes zwischen Maria und Johannes, denen sich links und rechts die Soldatenheiligen Georg und Quirinus zugesellen.

Einst schmückten viele Altäre des Trierer MANIERISTEN Hans Rupprecht Hoffmann (und seines großen Ateliers) den Dom. Seine

MITTELSCHIFF NACH OSTEN

Der Blick aus dem Westchor lässt die Weite des von römischen Maßen bestimmten Raumes spüren. Die neuen Pfeilerformen des 10. Jh. verbinden sich mit dem römischen Charakter. Der Ostchor der Spätromanik übernimmt die römischen Maße, die Wölbung des frühen 13. Jh. wächst aus den romanischen Pfeilern heraus. Das barocke Querschiff lässt das Tageslicht in die Vierung und auf den neuen Altar (1974) fluten. Eindeutiger Zielpunkt in Ästhetik und Bedeutung ist die marmorne Fassade der Heilig-Rock-Kapelle im Scheitel des Ostchores. Die großen barocken Pfeileraltäre bereiten das Auge darauf vor. Die beiden Schwalbennestorgeln (Klais, 1974, 1996) fügen sich in einen Raum wie den Trierer leicht ein.

<<

GRABDENKMAL

des Erzbischofs und Kurfürsten Johannes von Metzenhausen, in jenen Formen der Renaissance gestaltet, wie man sie auch in Florenz oder Venedig finden kann.

>>

Werke stehen zwischen Renaissance und Barock. Die inschriftlich datierte Kanzel war sein erstes Werk im Trierer Dom (1570–1572), der Allerheiligenaltar (1614) sein letztes. Dazwischen sind noch mehrere Altäre anzusetzen, die nur noch bruchstückhaft oder in barocken Veränderungen auf uns gekommen sind: der Dreifaltigkeitsaltar (1597), der Johannes-der-Täufer-Altar (1597), der Johannes-Evangelista-Altar (Grabaltar des Johann von Schonenburg, 1602) und die Agnesfigur, die an den Lettneraltar der hl. Agnes erinnert.

Die aus hellem Sandstein gefertigte **Kanzel** (Abb. S. 24, 25, 28, 29) setzt in der Mitte des Domes mitsamt ihrer Treppe und dem Treppenportal einen wichtigen Akzent. Entstanden ist sie als eine Stiftung des Domkapitels zur Aufwertung der Predigt, die damals von den Jesuitenpatres übernommen worden war. Die Wappen der Kapitulare erinnern an die Stiftung. Die für eine Kanzel bedeutende Ikonographie zeigt am Kanzelkorb in Reliefplatten die Werke der Barmherzigkeit in lebendiger Schilderung; an den Treppenwangen die Verkündigung des neuen Gesetzes der Liebe und das Jüngste Gericht als Lohn oder Strafe für die Erfüllung oder Vernachlässigung der Forderung Christi. Am Fuß sind die vier Verfasser der Evangelien als geistiges Fundament aller Predigt dargestellt. Die fünf Sinne am Kanzelschaft weisen auf die „Inneren Sinne" des Menschen und den geheimnisvollen inneren Sinn des Wortes Gottes hin. An den Portalpfeilern findet man die Verkündigung an Maria und die Geburt Christi; auf dem Giebelaufsatz die Auferstehung und die Himmelfahrt Christi. Die Portalpfeiler sind durch Inschriften als die „Kirchensäulen" Petrus und Paulus bezeichnet. Zahlreiche lateinische Inschriften deuten die Szenen.

Der **Allerheiligenaltar** (Abb. S. 30, 31) ist zugleich der Grabaltar des Erzbischofs und Kurfürsten **Lothar von Metternich** (1599–1623), von Hans Rupprecht Hoffmann 1614 (Inschrift) geschaffen. Sandstein, Marmor und Alabaster sind das Material, dazu eine sparsame Polychromie. Die durch und durch manieristische Architektur wächst bis über den Ansatz des Seitenschiffgegewölbes empor und legt sich seitlich um den Pfeiler. Das Programm der acht Seligkeiten ist aus dem Evangelium des Allerheiligenfestes genommen. Die ikonographische Deutung entwickelt sich aus der Mittelachse. Ausgangspunkt ist das Relief der Bergpredigt im obersten Bereich. Die vielen klei-

DIE KANZEL
(1570–72) des Trierer Domes gehört
zu den ikonographisch reichsten der
Zeit des Manierismus. Die architektonischen Formen
sind noch klar als
aus dem Erbe der
Renaissance entwickelt zu erkennen, wenn auch die
Ornamentik und die
Fülle der Figuren sie
zu überwuchern
und zu verunklären
beginnen. – Das
Thema des Reliefs
„Hungernde speisen" ist auf dem Täfelchen unterhalb
der Szene aus der
Gerichtsrede Jesu
zitiert. Hans Rupprecht Hoffmann hat
den die Gaben austeilenden Hausvater
betont in den Vordergrund gestellt.
Ein Diener bringt in
einem Korb weitere
Lebensmittel heran.
»

nen Reliefs illustrieren aufs lebendigste die acht Seligkeiten in biblischen Beispielen. Das Mittelbild, in dessen Bogenfeld in manieristischer Verkleinerung die Verehrung des Namens Jesu (in hebräischer Schrift) dargestellt ist, zeigt die Versammlung aller Heiligen in der Steigerung vom feinsten Relief (im Hintergrund) bis zur vollplastischen Figur. Den Mittelpunkt bildet Maria als die Königin aller Heiligen. Vor ihr kniet die lebensgroße Figur des Kurfürsten. Sein Antlitz ist in schonungslosem Verismus wiedergegeben. Ihm gegenüber steht die Figur des den Drachen besiegenden heiligen Erzengels Michael - Zeichen der Überwindung des Bösen. Sie ist in ihrer Drehung ein Meisterwerk der manieristischen Bildhauerkunst Deutschlands. Die Passionsszenen von Geißelung und Ecce Homo befinden sich auf den Seitenflügeln. Über der Altarmensa ist das Abendmahl dargestellt. Das Schweißtuch der Veronika deutet das Sakrament als Zeichen der hingebenden Liebe Christi.

Mit dem marmornen **Grabaltar für den Erzbischof und Kurfürsten Philipp Christoph von Soetern** (1623–1652) (Abb. S. 32), im westlichen Joch an der Nordwand, treten wir in die EPOCHE DES BAROCK ein. Er wurde erst um 1669 errichtet. Seine Architektur repräsentiert die stilistische Überwindung des Manierismus. Er gliedert sich frühbarock klar und klassisch wie ein Triumphbogen. Der Verstorbene ist nicht abgebildet. Seine Patrone Christophorus und Philippus deuten auf ihn hin. Im mittleren Bogen befindet sich ein Gemälde mit der Dreikönigsanbetung. Die Altarmensa wurde schon 1708 abgebaut und war bis 1974 durch einen Taufbrunnen ersetzt.

ALLER-
HEILIGEN-
ALTAR
Der Erzbischof und
Kurfürst Lothar von
Metternich wählte
als Stelle für sein
Begräbnis den Platz
vor der Mensa des
Allerheiligenaltares.
Den riesigen Altar-
aufbau ließ Lothar
zugleich als sein
Grabdenkmal von
Hans Rupprecht
Hoffmann 1614 er-
richten. Der archi-
tektonische Aufbau
ist bis in Einzelhei-
ten hinein manieri-
stisch verfremdet.
Das Thema ist aus
dem Evangelium
des Allerheiligenfe-
stes entwickelt: Die
Verkündigung und
die bildliche Dar-
stellung der acht
Seligkeiten. – Im
Bogen des Mittelfel-
des umfliegen
kleine Engel in Vereh-
rung den in he-
bräischen Buch-
staben geschriebe-
nen Namen Jesu.
Lothar von Metter-
nich kniet vor Maria
als der Königin aller
Heiligen. Ihm ge-
genüber die in kör-
perlicher Drehung
dargestellte Gestalt
des Erzengels Mi-
chael, der den Dra-
chen besiegt.
>>

Der **Erzbischof und Kurfürst Carl Caspar von der Leyen** (1652–1676) hatte den **Westchor** (Abb. S. 15, 33) 1664–1668 aufs üppigste in Stuck und Marmor ausstatten lassen. Es war das bedeutendste und größte Werk des trierischen Frühbarock, leider wurde der Altar 1810 abgerissen. Der Grabaltar war zugleich der Hauptaltar des Nikolauschores. Sein reiches Figurenprogramm bildete mit dem Stuck der Westapsis eine künstlerische und inhaltliche Einheit. Bei der Erstellung des theologischen Programms dürfte der Kölner Jesuit Jakob Masen mitgewirkt haben. Die architektonischen Teile stammen von den Bildhauern Neuss Vater und Sohn. An Ort und Stelle haben sich von dem umfangreichen Ensemble nur die 1668 von Giovanni Domenico Rossi geschaffenen Stukkaturen, die Kreuzigung, zwei Apostel und die Treppenanlage erhalten. Alte Abbildungen erlauben uns indessen eine Vorstellung von dem Werk. Zwischen den Treppenaufgängen aus dunklem Marmor (die 1974 um ein Joch nach Westen zurückversetzt wur-

WESTCHOR
Die weißen Stuckfiguren der Krönung der Mutter Gottes heben sich von dem dunkelblauen Grund ab. (16)
>>

DER GRAB-ALTAR
für Erzbischof und Kurfürst Christoph Philipp von Soetern hat den Manierismus überwunden (Text: S. 29). Die Komposition folgt dem Triumphbogenschema. (28)
∨

den) stand der Doppelsarkophag. Auf der Höhe des Westchores erhob sich der Altaraufbau in Gestalt einer vielfach durchbrochenen Säulenarchitektur, die eine Fülle von Statuen aufnahm. In den Nischen der Apsis standen Apostel. Dem Ganzen lag ein tiefsinniges ikonographisches Programm zugrunde, das mit der Verkündigung an Maria (am Triumphbogen rechts und links) beginnt und sich bis zum Jüngsten Tag spannt. Die Vollendung der Schöpfung ist hier dargestellt unter dem Bild der von der Allerheiligsten Dreifaltigkeit in den Himmel aufgenommenen Jungfrau Maria, begleitet von einem Chor musizierender und tanzender Engel – Zeichen der Beseligung aller Erlösten. – Im Bischöflichen Museum ist ein Teil des Altares rekonstruiert. – Zwischen den beiden Treppenaufgängen zum Westchor steht das hochbarocke **weiße Marmorbecken** (Abb. S. 15), das von Joh. Wolfg. Fröhlicher als ein symbolischer Brunnen geschaffen war. Seit 1974 dient es als **Taufbecken.** 2007 erhielt es einen künstlerisch gestalteten Deckel (Kremer/Hillebrand).

In bewusster Korrespondenz zur Ausstattung des Westchores wandte sich der Nachfolger Carl Caspars, **Johann Hugo von Orsbeck**, Erzbischof und Kurfürst (1676–1711), dem Ostchor zu. 1687 erhielt der aus Solothurn stammende, aber in Frankfurt ansässige Bildhauer und Architekt Johann Wolfgang Fröhlicher den Auftrag für das „Vordertheyl" der „Heiltumskammer" (Heilig-Rock-Kapelle) (Abb. S. 24, 25, 43); es war dies der erste Abschnitt eines gewaltigen Werkes, das auch die Architektur des Domes verändern sollte. 1699 war das große Werk aus vielfarbigem Lahnmarmor im Ostchor vollendet. Die **Kapelle** wurde als Bau außen an den **Ostchor** nach 1704 angebaut. Die Stuckierung des

Inneren folgt noch ganz dem Formenrepertoire des Hochbarock. Die Engel mit den Leidenswerkzeugen weisen auf die Passion Christi hin.

Zwei seitliche **Treppenaufgänge** führen zu einer Plattform vor der vergoldeten Gittertür der Heilig-Rock-Kapelle. Von hier aus steigt eine gewaltige, retabelartige Marmorfassade auf, die bis zum Gewölbe reicht: In ihr befindet sich (wie an Stelle eines Altarmittelbildes) eine von Wolken und Engeln umsäumte **Öffnung, die aus der Mittelachse des Domes** einen Einblick in die helle Kapelle am Ostchor des Domes gewährt (vgl. den zeichnerischen Längsschnitt durch den Dom, S. 45). Engel ziehen einen mächtigen Vorhang zur Seite und gaben so einst den Blick frei auf das (leider verlorene) Silberreliquiar, das sich wie ein Altarbild im Retabelaufbau der Kapelle befand und den **Heiligen Rock** (Abb. S. 44), das Gewand Christi, barg. Diese Reliquie bestimmte einst – und heute wieder – wie eine Art „Zielbild" die geistige Bedeutung des Domes. Dieses Christussymbol vereinigt gewissermaßen die Vielfalt von Bildern und Bedeutungen im Dom wie unter einem geistigen Haupt.

Das reiche **Figurenprogramm** steht im Dienste der Deutung des Domes und seiner Heiligtümer. An den Treppenaufgängen stehen die monumentalen weißen **Marmorstatuen des Kaisers Konstantin** (als des Gründers des Domes) **und seiner Mutter Helena**, die die Leidenswerkzeuge Jesu, vor allem aber den Heiligen Rock Jesu nach Trier brachte. Beide weisen den Pilger hinauf zum Heiligtum. Zwei Fackeln tragende **Engel** (Abb. S. 17) (mit Freude bzw. Trauer im Antlitz) halten Wache. Die drei **Gründerbischöfe**

der Trierer Kirche (Eucharius, Valerius und Maternus)
haben sich in der oberen Nische zu einem heiligem Ge-
spräch vereint. Neben ihnen stehen die beiden heiligen
Johannes und zuoberst die **Mutter Anna mit Maria
und dem Jesuskind.**

Auch kunsthistorisch ist das Werk bedeutsam. Zum ersten Mal wird hier auf deutschem Boden die später so
häufige „Durchblicksarchitektur" in einem monumen-
talem Zusammenhang erprobt. Modell stand zweifellos
Berninis Fenster über der Cathedra Petri in der Peters-
kirche zu Rom. Italienische und römische Ideen von
Guarini, Michelangelo und Bernini werden hier in Architektur und Skulptur frei weiterentwickelt.

Ebenfalls in die Zeit des Johann Hugo von Orsbeck fallen die beiden großen Marmoraltäre vor den beiden vorletzten Pfeilern im Westen: der **Kreuzaltar** (Abb. S. 24, 25, 35) und der **Dreikönigsaltar,** der zugleich der Grabaltar des Kurfürsten ist. Im architektonischen Aufbau sind sie als Pendants geschaffen. Der Mainzer Bildhauer Arnold Harnisch hatte bereits 1682 einen Altar samt seiner Ornamentik geliefert, der 1687 durch Kopieren verdoppelt wurde. Johann Mauritz Gröninger aus Münster schuf für diese Rahmenwerke 1701–1703 die Bildhauerarbeiten.

Der südliche der beiden Altäre war ursprünglich ein Matthiasaltar; daran soll die Marmorbüste auf der Bekrönung erinnern. Johann Hugo war ein großer Verehrer der Heiligen Drei Könige in Köln, weshalb er diesen Altar umgewidmet und auch zu seinem Grabaltar bestimmt hatte. Das große weiße Marmorrelief zeigt in bewegter Szene die Dreikönigsanbetung. Der erste der beiden Könige hat sich vor dem Jesuskind auf die Knie geworfen und küsst dessen rechten Fuß. In der Physiognomie und durch den Hermelinmantel erkennt man in ihm den Kurfürsten selbst. Bei dem nördlichen **Kreuzaltar** (Abb. S. 24, 25) stehen die weißmarmornen Figuren des Kruzifixus und der das Kreuz umfassenden Maria Magdalena eindrucksvoll vor der schwarzen und polierten Marmorfläche.

Nach dem Dombrand von 1717 wurde der Dom nicht nur architektonisch umgestaltet (s. o. S. 16, 18). Der Augustinerbruder und Architekt Joseph Walter ließ im Auftrag des Domkapitols **drei der Hoffmann-**

schen Altäre umbauen, um ihnen eine, dem Barock gemäße monumentale Wirkung zu verleihen. Vor allem der **Dreifaltigkeitsaltar** am östlichen Ende des nördlichen Seitenschiffes und der **Johannes-der-Täufer-Altar** (Abb. S. 37) am Ostende des südlichen Seitenschiffes wurden durch neue barocke Rahmenarchitekturen so in ihrer Größe gesteigert, dass sie als monumentale Blickpunkte dienen konnten. Der **Schonenburgsche Grabaltar** (Johannes-Evangelista-Altar an der Nordwand) erfuhr eine weniger glückliche Umgestaltung.

Der **Dreifaltigkeitsaltar,** zugleich Grabaltar des **Erzbischofs und Kurfürsten Jakob von Eltz** (1567–1581), dient seit 1900 als Sakramentsaltar. Das große Mittelrelief von Hans Rupprecht Hoffmann zeigt die Heiligste Dreifaltigkeit im Bildtyp des Gnadenstuhles, darüber die Auferste-

DER ALTAR JOHANNES DES TÄUFERS von Hans Rupprecht Hoffmann besaß ursprünglich ein kleineres Format. Erst bei der Barockisierung des Domes nach dem Brand von 1717 gab ihm der Architekt Joseph Walter unter Wiederverwendung der alten Figuren mit dem heutigen großen Format das barocke Aussehen und schuf damit einen beherrschenden Blickpunkt am Ostende des südlichen Seitenschiffes. Die Pilgertreppe (rechts im Bild) führt über die romanische Rampe zur Domschatzkammer und zur Heilig-Rock-Kapelle. – Die hinter dem Retabel sichtbare Mauer gehört zur Ostwand des römischen Quadratbaues und zeigt die Spuren des ehemaligen römischen Fensters. (31)
>>

hung Christi, Maria mit dem Kind und die allegorische Figur des Glaubens zwischen zwei posaunenden Putten. Die allegorische Figur der Mühsal (Labor) weist auf das irdische Leben und die Figur der Ruhe (Quies) auf das himmlische Leben hin. In der Predella findet man die Reliefs der Kreuztragung und die von Jakobs Traum und Jakobs Begräbnis. Die Porträtfigur des Kurfürsten Jakob von Eltz steht heute im Museum. Das **Tabernakel** in Neorenaissance ist ein qualitätvolles Werk der Goldschmiedekunst von Hermeling (Köln) aus den Jahren um 1900. Das „Goldene Tor", das einst den Chor abschloss, hat vor der Sakramentskapelle 1974 einen sinnvollen Platz gefunden.

Der Johannes-der-Täufer-Altar enthält ebenfalls eine Reihe wertvoller Skulpturen von H. R. Hoffmann, die Joseph Walter in etwas willkürlicher Ikonographie in der Barockarchitektur eingebaut hat. Das mittlere Relief zeigt die Taufe Christi, darüber befinden sich die Krönung Mariä, die Figur des heiligen Johannes und ein Engel mit Schriftband. Auf dem großen Gesims stehen die vier Kardinaltugenden, unten die heilige Helena und ein Prophet. Die Reliefs der Predella zeigen die Verkündigung an Maria, die Anbetung des Kindes durch die Hirten und die Beschneidung Jesu. Die Atlantenkonsolen stellen Samson und Judith dar (Porträts Hoffmanns und seiner Frau).

Der Grabaltar des Erzbischofs und Kurfürsten Johannes Evangelista von Schonenburg (1581–1599) war vor seiner Veränderung eines der originellsten Denkmäler des Domes. Vom ursprünglichen Bestand sind die bedeutende Porträtfigur des Kurfürsten, das Bild des Apostels Johannes, das Relief mit dem Jüngsten Gericht und einige Ornamente erhalten. Die Figuren von Glaube, Hoffnung und Liebe bekrönen den Altar. Der Kruzifixus ist augenscheinlich barock. – Die Alabasterfigur einer hockenden hl. Agnes mit dem Lamm passt nicht recht in die Ikonographie des Altares. Sie gehörte zum nachbarlichen Lettneraltar (Pfarraltar), der der hl. Agnes geweiht war, und wanderte bei der Umgestaltung der Lettneranlage hierhin.

Im Zuge der barocken Umgestaltung nach dem Dombrand von 1717 wurde – ganz dem Geiste der Zeit folgend – die Vorderfront des romanischen Lettners abgebrochen, um den Einblick in den Chor zu öffnen und den Gesamtraum zu vereinheitlichen. **Zwei Marmoraltäre** (Abb. S. 38, 39) wurden nach Ideen von

DER KATHA-RINEN- & DER AGNESALTAR

stehen an den beiden letzten mächtigen Freipfeilern, ehe man in den Westchor hinaufsteigt. Die Perspektive des Photographen gewährt uns einen Blick quer durch den westlichen Teil des Raumes aus dem 11. Jahrhundert von Nordosten nach Südwesten. Bis gegen 1900 standen die beiden Altäre am Aufgang zum Ostchor. Nun bilden sie einen formalen Auftakt für den Westchor mit der Kreuzigungsgruppe und dem mächtigen Stuck. – Über den Portalen des Domes befinden sich die Wandgemälde von Ferdinand Gehr (1974): das Alpha, der Anfang, und das Omega, das Ende mit der Vollendung der Schöpfung.

㉗ ㊼ ㉚

>>

Andrea Pozzos Kupferstichwerk und Entwürfen von Christoph Tausch (Breslau) hergestellt (Agnes und Katharina), die von da an den Aufgang zum Chor flankierten. Zwischen ihnen spannte sich das vergoldete eiserne **Chorgitter** (seit 1974 an der Sakramentskapelle). – Die Figuren der neuen Lettneraltäre schuf der Fuldaer Bildhauer Neudecker. Leider wurden diese Altäre um 1900 abgebaut und unter die Westtürme verbannt: Seit 1974 stehen sie am westlichen Pfeilerpaar mit dem „Gesicht" nach Osten und bereiten den Blick auf den Westchor vor.

Ebenfalls nach Ideen Andrea Pozzos – aber freier gestaltet – entwarf der Pozzo-Schüler Christoph Tausch aus Breslau den **Marmoraltar für die Heilig-Rock-Kapelle** (Abb. S. 43). Er wurde vom damaligen **Erzbischof und Kurfürsten Franz Ludwig von Pfalz-Neuburg** (1716–1729), der zugleich Fürstbischof von Breslau war, dazu beauftragt. Tausch dachte das von Fröhlicher entwickelte Konzept im Sinne der Ideenwelt Pozzos zu Ende. Auch der Entwurf des (verlorenen) Silberreliquiars für den Heiligen Rock, ehemals im Bildfeld des Kapellenaltars, geht auf Christoph Tausch zurück; Franz Thaddäus Lang (Augsburg) fertigte es an. Zwei Kupferstiche des Reliquiars sind in der Domschatzkammer zu sehen. Aus der gleichen Zeit nach dem Dombrand stammt der Einbau der entzückenden und populären **Marienkapelle,** die sich an die

Südseite der hohen Lettnermauer anlehnt. Interessant ist die frühe Verwendung von Eisen als einem konstruktiven Element auch innerhalb der schlanken hohen schwarzen „Dienstbündel", wie auch die barocke Wiederverwendung von romanischen Säulen und Kapitellen als „Spolien" im barocken Zusammenhang.

Die drei in Stuck ausgeführten Szenen aus der Menschwerdungsgeschichte Jesu zeigen die Verkündigung an Maria, die Heimsuchung und die Anbetung des Kindes. In dem barocken Holzaltar steht eine grazile spätgotische Madonna (aus dem Salzburger Raum). Das die Hand des Jesuskindes pickende Vögelchen ist ein Zeichen der künftigen Passion.

Am nordwestlichen Vierungspfeiler steht der **Auferste-hungsaltar,** zugleich Grabaltar des Erzbischofs und Kurfürsten **Franz Georg von Schönborn** (1729–1756). Der Altar wurde nach dem Tode des Kurfürsten nach einem bereits länger vorliegenden Entwurf des Johann Wolfgang von der Auwera (Würzburg) 1759 errichtet. Die Marmorarbeiten lieferte Joh. Strahl aus Balduinstein nach einem Modell, das Dietz nach Auweras Entwurf angefertigt hatte. Die Bildhauerarbeiten (zumindest das Wappen) stammen indessen aus der Hand des Schwagers von Dietz, Johannes Grauer. – Der Kurfürst liegt in barocker Pose auf seinem Lager, halbaufgerichtet, und blickt zum auferstehenden und in die Höhe fahrenden Christus auf. Gegenüber sitzt die Gestalt des Glaubens. Auf die Gesetzestafeln gestützt, weist sie mit verhülltem Blick auf den Gekreuzigten. Die etwas steifen Figuren der Heiligen Barbara und Katharina stammen vom ehemaligen Leyenschen Grabaltar im Westchor. Die Originalfiguren, bis hin zu dem großartigen Wappen als Bekrönung, sind von rauschendem Pathos erfüllt. Sie verweisen im Angesicht des Todes auf die tröstliche Botschaft von der Auferstehung. Der Aufbau des Altares hat alle architektonischen Gesetze verlassen und bewegt sich in freien Formen. Die Farbigkeit des Ganzen lebt durch die Materialfarben.

Das Chorgestühl (Abb. S. 15, 17, 24, 25) des Kapitelchores, zu dem auch die Dorsalien (Rückwände) im Westchor gehören, wurde schon zur Zeit seiner Fertigstellung in Mainz als ein Wunderwerk der Schreinerkunst gerühmt. Johann Justus Schacht aus Hamburg hat es zusammen mit zwanzig namentlich bekannten Gesellen, die sich mit einem innen liegenden Zettel in das Gebet empfehlen, für die Mainzer Karthause geschaffen. Als die Karthause 1781 aufgehoben worden war, wanderte das Gestühl durch Kauf 1787 nach Trier. Die Furnier-, Schnitz- und Einlegearbeiten sind von höchster Qualität. Eine Kostbarkeit stellen indessen die Bilder in Holz-, Zinn- und Elfenbeinintarsien dar, die nach Vorlagen von Andrea Pozzo und Galli di Bibiena geschaffen wurden. Sie zeigen Blumen und Architekturen in raffinierten Perspektiven, teilweise mit biblischen Figürchen belebt.

Die beiden separat gearbeiteten Pulte für den Bischof und den Dompropst sind moderne Anfertigungen im vorgegebenen Stil (Giesbert Kleinschmidt, 1975).

AUFERSTE-HUNGSALTAR
Grabaltar des Erzbischofs und Kurfürsten Franz Georg von Schönborn (1729–1756). Drei Jahre nach dem Tode des Bischofs wurde der Altar von Ferdinand Dietz und seinen Mitarbeitern geschaffen. Die Gestalt des Aufbaus bildet die dunkle Folie für den im dynamischen Schwung der Auferstehung auffahrenden Christus. Nicht die konkrete Szene der Auferstehung ist gemeint, sondern die Auferstehung schlechthin. Der Altar will eine hoffnungsfrohe Botschaft vermitteln. (11)
>>

DAS INNERE DER HEILIG-ROCK-KA-PELLE

Im Zuge der Restaurierung des Domes 1974 wurde der Heilige Rock (Tunika Christi) nach über 100 Jahren wieder in die für ihn erbaute Kapelle zurückgebracht. – Christoph Tausch, ein Schüler des Andrea Pozzo, war Architekt des als Fürst-Erzbischof von Breslau in Schlesien residierenden Trierer Erzbischofs Franz Ludwig von Pfalz Neuburg (1716–1729) und lieferte den Entwurf für den großen Marmoraltar und für das in seiner Mitte angebrachte Silberreliquiar (von Franz Thaddäus Lang, Augsburg). Es wurde 1793 eingeschmolzen. Damals hing also die Tunika an Stelle eines Altarbildes in der Mitte des Retabels. Der jetzige künstlerische Schmuck ist das Werk von Klaus Balke (Köln). ①

>>

Aus der Zeit des KLASSIZISMUS stammt das Grabmal des Erzbischofs und Kurfürsten **Johann Philipp von Walderdorff** (1756–1768) am nordöstlichen Vierungspfeiler. Der in der Bibel lesende Kurfürst liegt halbaufgerichtet auf dem Sarkophag. Ein Obelisk, von dem ein Putto liebenswürdig herabblickt, signalisiert ewiges Leben. Das jüngst wiederaufgestellte Totengerippe zeigt auf die Inschrift „Ecce jam hora est" – Siehe, die Stunde ist da – ein Hinweis sowohl auf den Tod als auch auf die Auferstehung. Bildhauer war J. B. Simar. Der Kopf wurde nach der Säkularisation erneuert.

Die jüngste Restaurierung des Domes dauerte von 1960 bis 1975. Am 1. Mai 1974 konnte mit der Weihe des neuen Altares der Dom dem Gottesdienst wieder übergeben werden. Die Restaurierungsarbeiten liefen allerdings noch ein Jahr weiter. – Umfangreiche Sicherungsmaßnahmen in den Fundamenten, im Mauerwerk und in den Gewölben gaben dem Gebäude seine Standsicherheit zurück. Die Architektengemeinschaft Gottfried Böhm/Nikolaus Rosiny konzipierte und leitete die Renovierung unter Begleitung einer Kommission.

Zur Neugestaltung des **Altarbezirks** (Abb. S. 15, 17, 24, 25) erhielt die Künstlergemeinschaft Theo Heiermann/Elmar Hillebrand/Jochen Pechau den Auftrag. Dass der neue Altar in den Bereich der Vierung kommen sollte, war nach den Liturgiebestimmungen des Zweiten Vatikanischen Konzils so gut wie undiskutiert. – Das Altarpodest erhebt sich mit drei Stufen von römischem Steigungsmaß. Eine klare Ausbildung der Ecken des Podestes „befestigt" dieses optisch im Raum. Sowohl der Boden des Podestes als auch der Altar selbst sind als Steinintarsie gearbeitet: ein heller Präonyx in dunklem Peperino. Erst bei genauerem Zusehen entdeckt das Auge in den Zonen des Peperino feine Ritzungen: Bilder und Symbole in Art einer Bilderbibel. Die gelösten Sandalen des Moses auf der vorderen untersten Stufe sollen Priester und alle daran erinnern, dass dieser Ort heiliges Land ist. Der siebenarmige Leuchter mit dem lorbeerumwundenen Fuß weist auf die Herrlichkeit des Alten Bundes und auf das göttliche Licht der hier verlesenen Heiligen Schrift hin. Das Labyrinth auf der gegenüberliegenden Seite ist ein Symbol für die Welt und die irrenden Wege des Menschen. Gestalten des Heidentums stehen stellvertretend für außerbiblische Hinweise auf Christus, wie etwa Odysseus am

HEILIG-ROCK-KAPELLE

Die Tunika Christi ist nach der Trierer Überlieferung der Leibrock Jesu Christi, der durch die hl. Helena nach Trier gebracht wurde. Die eigentliche Reliquie liegt im Inneren der aus mehreren Textilschichten im Laufe der Zeit „zusammengewachsenen" Umhüllung. Der Heilige Rock wird nur zu den vom Bischof und Domkapitel eigens festgesetzten Zeiten gezeigt. ②

>

LÄNGSSCHNITT

In den Längsschnitt des Domes sind die, bis in die Heilig-Rock-Kapelle verlängerten, Sehlinien von in der Mittelachse des Raumes stehenden Personen eingetragen. Dadurch wird deutlich, dass der von Christoph Tausch entworfene Altar mit dem Hl. Rock perspektivisch so eingeplant war, dass das Reliquiar bzw. die Reliquie selbst vom Inneren des Domes aus durch das wolkenumsäumte Fenster gesehen werden konnte.

>>

Mastbaum und den „göttlichen" Sänger Orpheus. – Der Altar „wächst" wie aus dem Boden heraus. Er ist mit demselben Lebensbaummotiv geschmückt wie der Boden. Die eigentliche Mensaplatte ist als ein kostbarer Porphyr eingelegt. Der **Ambo** wurde einige Jahre später in demselben Stil hinzugefügt (Hillebrand, 1989). Die Metallene Platte im Pult zeigt ein Bild des Kampfes Jakobs mit dem Engel und möchte mit ihrer Inschrift aus der Benediktusregel: „Per ducatum Evangelii" – unter Führung des Evangeliums – den Prediger leiten. Die bischöfliche Kathedra mit den Assistenzsitzen (Hillebrand/Kremer) wurde erst 2002 geschaffen.

Bischof und Domkapitel hatten sich entschlossen, die kostbarste Reliquie des Trierer Domes, den **Heiligen Rock** (s. Abb.), wieder in die für ihn 1704 eigens erbaute Kapelle am Ostchor zurückzubringen, nachdem er über 100 Jahre lang an einem unbedeutenden Ort wie versteckt gelegen hatte. So wurde der Reliquie wieder eine höhere Bedeutung zugemessen; aber auch der Dom als Ganzes erhielt dadurch eine geistig-religiöse Aufwertung. – In einem flachen mit vergoldeten Messingornamenten reich geschmückten Holzschrein (Schürmann, Frankfurt, 1891), der unter einer großen

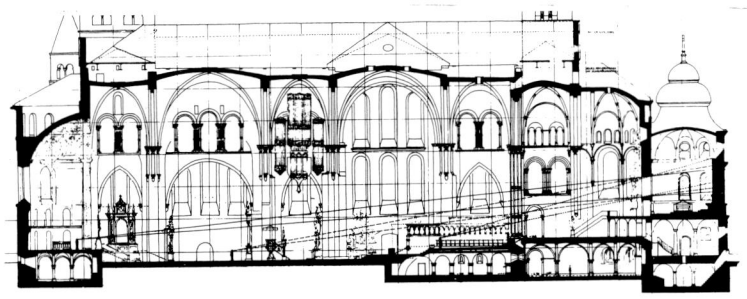

(klimatisierten) Vitrine steht, wird die kostbare Reliquie liegend aufbewahrt (1974). Die Glasflächen der Vitrine sind mit eingeschliffenen Ornamenten geziert. (Der künstlerische Schmuck ist insgesamt von Klaus Balke entworfen und angefertigt.) Ölbaumzweige erinnern an den Frieden. In Zinn gefasste Mineralien, Halbedelsteine und Versteinerungen sollen das Lob des Schöpfers künden. Eine dünne Turmalinscheibe möchte mit ihren Lichtbrechungen in Dreiecksvarianten auf die göttliche Trinität hinweisen.

Um jedoch den ursprünglichen Gedanken der barocken Durchblickarchitektur wieder zum Tragen zu bringen, wurde das wolkenumsäumte Fenster, das nach 1800 vermauert worden war, wieder geöffnet. Der Blick geht jetzt aus der Mittelachse des Hauptschiffes auf jenes Feld des Kapellenaltares, das früher das große Silberreliquiar mit dem Heiligen Rock aufnahm. Wie die Skizze mit den in den Längsschnitt des Domes eingetragenen Sehlinien zeigt, ist die barock-visionäre Idee nun wieder zum Tragen gekommen. - Da der Heilige Rock nun nicht mehr im Bildfeld des Kapellenaltares hängen kann, hat Klaus Balke einen **vergoldeten Kruzifixus** geschaffen, der inmitten von schwebenden Pentagon-Dodekaëdern hängt und aus der Mittelachse des Domes heraus vor einem Sternenhimmel (Konstellation: 1. Mai 1974) aus Bergkristallen aufleuchtet und so auf die Tunika Christi hinweist.

KREUZGANG (Abb. vordere Einband-Innenseite, S. 2, 3, 47). Nachdem der Dom mit seiner Wölbung in der ersten Hälfte des 13. Jahrhunderts einen gewissen Vollendungsgrad erreicht hatte, ging man an die Erneuerung des Kreuzganges. Sein Neubau ist das Werk jener Bauhütte, welche die Liebfrauenkirche (1230/35 bis ca. 1260) erbaute. Der heutige Kreuzgang weist im Wesentlichen die Maße jenes Kreuzganges auf, den der **hl. Wolfgang, in den Jahren 956–964** Domdechant in Trier, zusammen mit den neuen Kapitelsbauten errichtet hatte. Von dem Vorgängerbau blieben an der Nordseite **zwei romanische Säle** von ausnehmender Schönheit erhalten – ein kleiner quadratischer mit einer Mittelstütze und ein zweischiffiger Saal von sechs (ursprünglich zehn) Jochen Länge (Plan S. 5). Hier befand sich im frühen Mittelalter die Domschule. Durch den Neubau des romanischen Ostchores büßte er vier Joche ein. Mit seinen Annexbauten – dem großen zweigeschossigen Osttrakt und dem ebenfalls zweigeschossigen **Kapitelhaus** im Westen – ist er ein architektonisches Juwel und zugleich ein Platz der Stille. In den Kapitelbauten befinden sich

drei gotische zweischiffige Räume, jeder mit einer
Länge von drei Jochen: das „propinatorium" (Caritas-
raum) im Osttrakt, die Pauluskapelle im Westtrakt mit
dem Kapitelsaal darüber. Die Anlage spiegelt noch etwas
vom Leben des Kapitels im Mittelalter. – Am Nordtrakt
des Kreuzganges wurde 1470 unter **Erzbischof Johann
II. von Baden** (1456–1503) der spätgotische Bau des
Archivs (**„Badischer Bau"**) aufgesetzt, in dem heute
der Domschatz untergebracht ist. 1481 folgte (ebenfalls
am Nordtrakt) die Savignykapelle mit ihren spätgotischen Wandmalereien.

MODERNE. Eine tief greifende Veränderung erfuhr
das Raumbild des Domes **durch den neuen Wand-
putz.** Der dicke und glatte Putz des 19. Jahrhunderts
war bereits vor Beginn der eigentlichen Restaurierungsarbeiten abgeschlagen worden. Damit war zugleich die
neoromanische Wandbemalung (ein quaderndes Fugen-
netz mit neoromanischen Bordüren) weggefallen. Von
der anfänglichen Idee einer totalen Steinsichtigkeit ta-
steten sich die Architekten an die jetzige Form eines
differenziert aufgetragenen Putzes heran. Zur Anwendung kam ein Kalkmörtel mit rötlichem Sand. Die Gewölbe wurden deckend verputzt, die Wände – mit
Rücksicht auf die Ausstattung – teils deckend, teils mit
einem Fugenbestich, wobei der Mörtel mehr oder weniger deckend über die Steine und Ziegel verrieben
wurde. Nur die Gurtbögen und Gewölberippen erhielten eine Farbfassung.

Die künstlerischen Bestrebungen aus der Zeit der Domrestaurierung fanden ihren Niederschlag auch in einigen neu zu schaffenden Werken. Von der neuen
liturgischen Einrichtung war schon weiter vorn die
Rede. – Eine besondere Schwierigkeit bildete der Bau
einer neuen **Orgel** (Abb. S. 8, 9, 24, 25). Nach vielen
Überlegungen, akustischen Proben und Modellversu-
chen gab man den bisherigen Ort rechts und links über
dem Chorgestühl auf und kehrte zu jenen Stelle zurück,
wo die Orgel vom 14. Jahrhundert bis 1830 als Schwal-
bennestorgel gehangen hatte. Das neue Werk (Klais,
Bonn) hat 67 Register und wird mit einer mechani-
schen Traktur gespielt. Die Bildhauer Heiermann und
Hillebrand arbeiteten beim Entwurf für das Gehäuse mit
und schufen in Aluminiumguss den plastischen
Schmuck. Im Jahre 1996 folgte zur Begleitung des
Chorgesanges der Bau einer **Chororgel** (Abb. S. 24, 25)
auf der Südseite des Ostchores (Klais).

DER DOM-
KREUZGANG
wurde von der Bau-
hütte der damals als
Stiftskirche fungie-
renden Liebfrauenkir-
che erbaut. Die sich
aus Rundbögen zu-
sammensetzenden
Maßwerke folgen
einem originellen
und einmaligen Ent-
wurf, der sich auf die
von drei Rundbögen
getragene sechstei-
lige Rosette konzen-
triert.

»

**ATHANASIUS-
KAPELLE**
Sie befindet sich im
Erdgeschoss der Hei-
lig-Rock-Kapelle (2007
konsekriert). Sie erin-
nert an die Aufent-
halte des „Vaters der
Orthodoxie" in Trier,
wo er Gast des Bi-
schofs Maximin war.
Die Ikonostase folgt
dem Bildkanon or-
thodoxer Kirchen.
Aus der Trierer Ge-
schichte findet man
die Ikonen der hll. At-
hanasius, Simeon
und Konstantin mit
Helena – Gestalten
aus der Zeit vor der
Kirchenspaltung. Die
Kapelle ist ein öku-
menisches Zeichen
für Ost und West.
82
v

Der Schweizer **Maler Ferdinand Gehr** erhielt 1974
den Auftrag, in den inneren Nischen über den beiden
Westportalen „das Alpha und das Omega", den Anfang und das Ende der Welt und der Heilsgeschichte,
darzustellen (Abb. S. 38, 39). In abstrakten Formen und
plakativen Farben hat er den Auftrag ausgeführt. Die
Kreiskomposition über dem Südportal erinnert (nach
der Aussage des Künstlers) an die Gedanken des dreiei-
nigen Gottes vor der Erschaffung der Welt, wobei die
Geisteswesen der Engel in schwebenden farbigen
Rechtecken dargestellt sind; das dunkle Rechteck weist
bereits auf die bösen Mächte hin, die den Menschen und
die Welt ins Unglück stürzen. Die in roter Farbe aufstei-
gende Figur ist ein Hinweis auf den ewigen Ratschluss
Gottes im Hinblick auf die Erlösung und Vollendung der
Welt durch den von einer Frau geborenen Mensch ge-
wordenen Gottessohn. Dem Beginn der Vollendung ist
die Malerei über dem Nordportal gewidmet: Die Zeichen deuten auf den Menschensohn, der am Ende der
Zeiten auf den Wolken des Himmels wiederkommen
wird.